GRIGORI GRABOVOI

KONZENTRATIONSÜBUNGEN

Diese Übungen tragen zur Weiterentwicklung
Ihres Bewusstseins bei, sie tragen zu einer Entwicklung
ihrer Lebensereignisse in eine positive Richtung bei,
sie tragen zur Erlangung einer vollkommenen Gesundheit
und zur Erlangung vollkommener Harmonie
mit dem Pulsschlag des Universums bei

HAMBURG
2014

Jelezky publishing, Hamburg
www.jelezky-media.com

1.Auflage
Deutsche Erstausgabe, April 2010

© 2010-2014 der deutschsprachigen Ausgabe
Dimitri Eletski, Hamburg (Herausgeber)

Deutsche Bearbeitung: Alexander Teetz

Weitere Informationen zu den Inhalten:
„SVET Zentrum" , Hamburg
www.svet-centre.com

Herstellung und Verlag:
BoD – Books on Demand, Norderstedt
ISBN 978-3-7357-1918-8

© Г. П. Грабовой, 2001

Liebe Leserin, lieber Leser,

die nachfolgenden Übungen für jeden Tag im Monat dienen dazu, ein Bewusstsein zu entwickeln, unser Leben (unsere „Lebensereignisse") in eine angenehme und wohltuende Richtung zu steuern, um ganzheitliche Gesundheit und Harmonie mit dem Pulsschlag des Universums herzustellen oder zu erhalten. Ich rate Ihnen, sich jeden Tag ein wenig Zeit für die hier beschriebenen Übungen zu nehmen.

Für jeden Monatstag werden drei, diesem Tag entsprechende, Übungen empfohlen. Durch die Konzentrationsübungen wird die Steuerung von Lebensereignissen initialisiert. Dabei werden verschiedene Methoden angewandt. Im Konzentrationsprozess sollten Sie immer das konkrete Ziel, das Sie erreichen wollen, im Auge behalten. Also das konkrete Ziel sehen, das Sie erreichen wollen.

Als Ziel kann die Realisierung eines gewünschten Ereignisses genommen werden, zum Beispiel: Heilung einer Krankheit, die Entwicklung eines Mechanismus für die Erkenntnis der Weltprozesse. Das wichtigste ist, immer eine Abstimmung bzw. Regulierung der Information auf eine allgemeine Rettung und harmonische Entwicklung durchzuführen. Diese Regulierung kann auch ein Kampf mit dem Ergebnis der Zerstörung der konventionellen Informationsebene bedeuten, da Sie selbst die Arbeit der Rettung leisten müssen .

Praktisch, also auf Ihrer persönlichen Empfänglichkeitsebene können Sie die Konzentrationsübungen folgendermaßen durchführen:

Bestimmen Sie Ihr Konzentrationsziel gedanklich in Gestalt einer Sphäre, z. B. einer geometrischen Form, der Sphäre des Konzentrationszieles.

Stimmen Sie sich damit geistig darauf ein, die von Ihnen gewünschten Lebensereignisse so zu erschaffen wie die Schöpfung (das Universum) es vorsieht und Sie es wünschen.

Kontrollieren Sie während des Konzentrationsprozesses - auf verschiedene Objekte, auf konkrete Zahlen, oder auf die Erkenntnis der Realität - die Platzierung Ihrer Zielsphäre.

So verschieben Sie durch ihre geistige Willenskraft die Zielsphäre in den Bereich Ihrer bewussten Wahrnehmung, die so - im Moment der Konzentration – mehr Licht erhält.

Dieses ist aber nur eine der Varianten der Konzentrationstechnologien. In der Praxis kann man eine Vielzahl anderer Möglichkeiten finden. Sehr effektiv sind dabei aber natürlich die Methoden, die auf dem Verständnis der Weltprozesse durch Konzentration basieren.

3

In der ersten Übung für jeden Monatstag führen Sie die Konzentration auf ein beliebiges Element der äußeren oder inneren Realität aus.

In der zweiten Übung auf eine Zahlenfolge aus sieben und neun Zahlen.

In der dritten Übung werden Technologien zur Steuerung von Lebensereignissen in wörtlicher Form gegeben.

Achten Sie besonders auf Folgendes: Man muss unbedingt verstehen, dass die Effektivität unserer Konzentration zum größten Teil von unserem Zugang zu ihr, unserer Konzentrationsfähigkeit, abhängt. Öffnen Sie sich diesem schöpferischen Prozess. Hören Sie auf Ihre innere Stimme, die Ihnen die praktische Seite dieser Konzentrationen vorsagt.

Man kann z. B., wie ich bereits beschrieben habe, eine Zahlenreihe auf dem Papier aufschreiben und sich darauf konzentrieren. Bei der Konzentration auf eine Reihenfolge aus neun Zahlen, stellt man sich vor, dass man sich im Zentrum einer Sphäre befindet, und die Zahlen auf ihrer Innenfläche sind. Die Information über das Konzentrationsziel kann sich innerhalb dieser Sphäre in Form einer Kugel befinden. Sie müssen sich darauf konzentrieren, die am hellsten leuchtende Zahl zu identifizieren. Sobald Sie den ersten Gedanken erhalten, dass irgendeine Zahl aus der Zahlenreihe, auf der Innenfläche der Sphäre, mehr leuchtet als die anderen, fixieren Sie diese Zahl. Anschließend verbinden Sie gedanklich die innere Kugel, das Ziel der Konzentration, mit der stärker leuchtenden Zahl.

Bei Konzentration auf eine Reihenfolge aus sieben Zahlen kann man sich vorstellen, dass die Zahlen sich auf der Oberfläche eines Würfels befinden, auf irgendeiner seiner Flächen. Dabei können Sie die Zahlen beliebig so verschieben, dass ein maximaler Effekt für Sie erreicht wird. Sie können aber auch ganz anders handeln. Gedanklich können Sie jede Zahl mit irgendeinem Element der äußeren oder inneren Welt verbinden. Dabei ist es nicht unbedingt nötig, dass diese Elemente gleichartig sind. So können Sie eine Zahl z. B. mit einem Baum assoziieren, eine andere mit einem Gefühl. Darüber entscheiden Sie selbst. Bei dieser Methode stellen Sie die Zahlen symbolisch den ausgewählten Elementen der Realität gleich. Immer können diese Realitätselemente nicht nur physisch, sondern auch gedanklich sein. Das heißt, Sie können sich diese Elemente auch geistig vorstellen.

Die verschiedenen Verfahren geben Ihnen zusätzliche Steuerungsmöglichkeiten. Sie können die Struktur Ihrer Konzentration ändern, sowie die Einstimmung darauf. Sie können auch die symbolische Gleichstellung der Zahlen zu den Realitätselementen abwechseln. Das Resultat: die Effektivität Ihrer Konzentration wächst. So können Sie die Zeit, die für die Erfüllung Ihres Vorhabens notwendig ist, besser steuern. Und das ist im praktischen Leben sehr wichtig. Da, wo augenblickliche Rettung erforderlich ist, muss Ihre Konzentration ein sofortiges Resultat bringen. Wenn es aber

4

um eine harmonische Entwicklung geht, muss der Zeitfaktor keine wesentliche Rolle spielen. Entscheidend ist es, hier die Harmonie Ihrer Entwicklung unter Berücksichtigung aller Umstände sicherzustellen. Genau dafür sind die Konzentrationsübungen da.

Bei diesen Übungen muss alles individuell sein. Jeder soll sich selbst sein Entwicklungssystem aussuchen. Dabei ist es wichtig, Folgendes zu beachten:

Die Auswahl eines eigenen Entwicklungssystems kann man nicht allein durch Logik treffen. Natürlich bestimmen Sie Ihre Ziele und streben danach sie zu erreichen, aber in Ihrer Seele gibt es Aufgaben für Sie, die schon früher festgelegt wurden. Deswegen können sich zuerst diese früheren Aufgaben realisieren, während Sie sich konzentrieren. Diese früheren Aufgaben sollen nicht nur zu Ihrer persönlichen Entwicklung, sondern zu einer Entwicklung der ganzen Gesellschaft beitragen. Bei der Erfüllung dieser Aufgaben spüren Sie, dass Sie gerade dieses als erstes machen müssen. Sie empfinden das in Ihrem tiefsten Inneren, auf dem Entwicklungsstand der Seele, auf dem Entwicklungsstand der Schöpfung . Und deswegen, wenn wir über die Konzentration sprechen, sprechen wir vor allem über die Harmonie aller und von allem. Dabei muss man verstehen, dass diese Harmonie unter einem unumgänglichen Element immer auch das Element der Rettung meint - wenn die Situation so eine Einmischung verlangt. Obwohl die Hauptaufgabe der Harmonie die Sicherstellung derartiger Entwicklungen der Ereignisse ist, dass überhaupt keine Bedrohungen entstehen können.

Und selbstverständlich soll man eine harmonische Entwicklung so erschaffen, dass sie ewig ist. Dazu führen die von mir erschaffenen und erprobten Konzentrationsübungen für jeden Tag des Monats. Bei der Anwendung dieser Konzentrationen erhalten Sie die Harmonie, die Ihren Weg glücklich und kontinuierlich macht - und Sie können sich selbst und die Anderen retten und ewig leben.

Die Konzentrationen helfen Ihnen, in beliebigen Situationen aktiv und steuernd auf eine Situation einzuwirken, und nicht in passivem Zustand zu bleiben. Die Erkenntnis, dass Sie beim Durchführen der Konzentrationen für Ihre Anliegen real den Prozess der allgemeinen Rettung und der ewigen harmonischen Entwicklung ausführen, eröffnet Ihnen die vom Schöpfer gegebene Freiheit. Und dies formt die allgemeine universelle Entwicklung, zusammen mit Ihrem wahren Glück.

Die Konzentrationsübungen sind für 31 Tage vorgesehen. Wenn Sie diese also z. B. im Februar, der nur 28 Tage hat, üben, dann gehen Sie am 1. März zur Übung für den ersten Monatstag über. Der Monatstag aus der Übungsliste soll also mit dem Kalendertag übereinstimmen. Die Konzentrationen können Sie zu jeder Tageszeit

5

ausführen. Die Anzahl und die Dauer der Übungen während des Tages bestimmen Sie selbst.

Es ist zweckmäßig, die Übungen sowohl systematisch als auch vor wichtigen Angelegenheiten/Situationen/Terminen durchzuführen. Wenn Ihnen die erste Übung zu kompliziert erscheint, können Sie diese auslassen und die zwei anderen durchführen, das Resultat erhalten Sie trotzdem und mit der Zeit werden immer mehr Übungen unter der ersten Nummer verständlicher und einfacher erscheinen. Machen Sie erst einmal das, was Sie verstehen und was Ihnen gefällt. Und nun zu den Übungen:

6

Da es hier um gesundheitsrelevante Themen geht,
möchten wir ausdrücklich darauf hinweisen,
dass diese Steuerungen keine „Behandlung" im konventionellen Sinne
darstellen und daher eine Behandlung durch Ärzte
nicht einschränken oder ersetzen sollen.
Im Zweifelsfall folgen Sie also den Anweisungen Ihres behandelnden Arztes, oder
eines sonstigen Mediziners, oder Apothekers Ihres Vertrauens!

1. Monatstag

1. Am ersten Tag des Monats erfolgt die Konzentration auf den rechten Fuß. Diese Übung kann man mehrmals am Tag machen. Die Konzentration verbindet Sie mit dem Stemmpunkt der äußeren Welt. Gedanklich stemmen Sie sich mit Füßen und Beinen gegen die Erde. Die Erde ist in Ihrem Bewusstsein eine tragende Stütze.

Die Steuerung im System der vollen Wiederherstellung basiert darauf, dass der Stemmpunkt gleichzeitig ein Schaffungspunkt ist. Da er ein Schaffungspunkt ist, können Sie sofort mit Hilfe dieser Konzentration ihr Bewusstsein entwickeln. Sie erkennen, dass nach demselben Prinzip, nach dem alles auf der Erde wächst und sich entwickelt, z. B. Pflanzen, auch die Materie Ihres eigenen Körpers entsteht. Nach demselben Prinzip können Sie eine beliebige äußere Realität aufbauen. Das Verstehen von all dem liegt dieser Konzentration zugrunde.

Aber während der Konzentration müssen Sie nicht unbedingt an diesen tiefen Mechanismus denken. Sie können sich einfach auf den rechten Fuß konzentrieren und sich dabei in ihrem Bewusstsein das Ereignis, das Sie brauchen, vorstellen. Dieser Mechanismus des Realitätsaufbaus, über den ich gerade gesprochen habe, wird automatisch ausgeführt. Und Sie erhalten das gewünschte Ereignis auf eine harmonische Weise, weil diese Steuerung gleichzeitig auch für die Harmonisierung der Ereignisse sorgt.

2. Konzentrieren Sie sich intensiv auf die siebenstellige Zahlenreihe:
1845421 ;
Konzentrieren Sie sich intensiv auf die neunstellige Zahlenreihe:
845132489.

3. Konzentrieren Sie sich auf die Welt, auf alle Gegenstände der Welt, und spüren Sie, dass jeder Gegenstand der Welt ein Teil Ihrer Persönlichkeit ist. Danach werden Sie fühlen, dass ein Windhauch von jedem Gegenstand der Welt Ihnen eine Lösung „zuflüstert". Und wenn Sie erspürt haben, dass jeder Gegenstand ein Teil von ihrem Bewusstsein hat, dann sehen Sie die Harmonie, die die Schöpfung uns beschert hat.

8

2. Monatstag

1. An diesem Tag erfolgt die Konzentration auf den kleinen Finger der rechten Hand. Wie auch im vorherigen Fall behalten Sie, während Sie sich auf den kleinen Finger der rechten Hand konzentrieren, gleichzeitig jenes Ereignis in Ihrem Bewusstsein, das Sie herbeiführen möchten. Prinzipiell müssen Sie bei der Ausführung dieser Übung auch nicht unbedingt unbeweglich bleiben. Sie können mit dem kleinen Finger der rechten Hand etwas anfassen oder berühren. Handeln Sie so, wie Sie es für richtig halten.

Wichtig ist dabei folgendes: im Großen und Ganzen haben Sie natürlich viele aufnahmefähige Elemente. Außer dem hier angesprochenen kleinen Finger gibt es noch neun andere Finger und viele andere Teile des Körpers. Aber aus dieser Menge der aufnahmefähigen Elemente sollen Sie sich in diesem Moment nur auf einen konzentrieren - nämlich auf den kleinen Finger der rechten Hand. Dadurch wird die Steuerung harmonisiert.

Auch diese Übung kann man mehrmals am Tag machen, in individuell bequemen Intervallen. Man kann die neue Konzentration nach 20 Sekunden beginnen, oder nach einer Stunde und mehr. Sie können zwei Konzentrationen pro Tag durchführen oder zehn, oder noch mehr. Auch die Dauer jeder Konzentration wählen selbst. Vertrauen Sie Ihrer Intuition, verlassen Sie sich auf Ihre innere Stimme. Lernen Sie Ihrer inneren Stimme zu lauschen und zu hören, was sie Ihnen sagt. Das bezieht sich auf alle Übungen.

2. Konzentrieren Sie sich intensiv auf die siebenstellige Zahlenreihe:
1853125 ;
Konzentrieren Sie sich intensiv auf die neunstellige Zahlenreihe:
849995120.

3. Konzentrieren Sie sich und sehen Sie die Harmonie der Welt in Verbindung mit sich selbst und mit Ihnen. Sie müssen diese Welt so erschaffen, wie der Schöpfer es vorgemacht hat. Schauen Sie auf die Welt und Sie werden das Bild sehen, das war. Schauen Sie auf die Welt und Sie werden das Bild sehen, das sein wird. Schauen Sie auf die Welt und Sie werden sehen, wie die Welt jetzt ist und was Sie in dieser Welt jetzt sind. So wird die Welt für immer und ewig sein.

9

3. Monatstag

1. Am 3. Monatstag erfolgt die Konzentration auf eine beliebige Pflanze. Die Pflanze kann physisch sein, so wie sie in der äußeren Realität existiert. Dann können Sie sich während der Konzentration die Pflanze einfach anschauen. Oder Sie können sich die Pflanze gedanklich vorstellen. Dann konzentrieren Sie sich auf die Gestalt der Pflanze.

In dieser Konzentration wird die Methode der Widerspiegelung angewandt. Der Sinn ist folgender: während Sie sich auf die ausgewählte Pflanze konzentrieren, stellen Sie sich vor, wie sich in dem Licht, das von der Pflanze widergespiegelt wird, das für Sie gewünschte Ereignis formt. Besser gesagt, Sie sehen es real vor sich, Sie bauen es real vor sich auf.

Ein mit Hilfe dieser Übung aufgebautes Ereignis wird harmonisch. Hilfreich für diesen Prozess ist auch, dass die Pflanze schon in Harmonie in dieser Welt existiert

2. Konzentrieren Sie sich intensiv auf die siebenstellige Zahlenreihe:
   5142587 ;
   Konzentrieren Sie sich intensiv auf die neunstellige Zahlenreihe:
   421954321.

3. Schauen Sie sich die Realität an und Sie werden sehen, dass es viele Welten gibt. Wählen Sie sich die Welt aus die Sie brauchen. Treten Sie an diese Welt heran und erweitern Sie sie. Sehen Sie diese Welt aus dem Blickwinkel des Beobachters. Nähern Sie sich ihr, legen Sie Ihre Hände auf sie und erspüren Sie die Wärme, die sich von Ihrer Welt ausbreitet. Rücken Sie diese Welt zu sich heran und schauen Sie den Schöpfer an. Schauen Sie, was er Ihnen sagt und was er Ihnen rät. Sie können dieses Wissen mit Ihrem Wissen vergleichen und so die ewige Welt erhalten.

4. Monatstag

1. An diesem Tag konzentrieren Sie sich auf Kristalle oder Steine. Man kann dafür auch nur ein Sandkörnchen nehmen. Angenommen, Sie haben irgendeinen Stein ausgesucht. Dann stellen Sie sich um ihn herum eine Sphäre vor, während Sie sich auf den Stein konzentrieren, Das ist die Informationssphäre. Geistig sehen Sie, wie in dieser Sphäre alle Ereignisse die Sie brauchen, erscheinen. Sie legen die von Ihnen benötigten Ereignisse

einfach in diese Sphäre, hinein. Auf diese Weise steuern Sie ihre Ereignisse durch Ihre Konzentration darauf.

2. Konzentrieren Sie sich intensiv auf die die siebenstellige Zahlenreihe: **5194726** ;
Konzentrieren Sie sich intensiv auf die die neunstellige Zahlenreihe : **715043769.**

3. Schaffen Sie die Welt so, als ob Sie immer und ununterbrochen ist, als ob jede Bewegung dieser Welt nur Sie, als einmalige? Persönlichkeit, betreffen. Wenn Sie jene Einheit der Welt erhalten, die Ihnen konkrete Methoden der Steuerung in dieser Welt und mit dieser Welt gibt, so wird Ihre Welt überall sein und Sie werden zu ihr kommen. Sie werden sie in die Hände nehmen, und Ihre Hände werden zu jener Welt, die Ihre Welt hält. Und Sie werden sehen, dass Sie sich mit der ewigen Welt berühren, mit der Welt aller Welten und es wird die einzige für alle. Es wird die kollektive Welt sein, die Sie gewählt haben und die jeder gewählt hat. Schaffen Sie diese Welt so, dass sie für alle und für Sie selbst ideal ist. Das Ideal muss nicht abgesondert sein. Sie müssen das Ideal aller Menschen - und sich selbst - in Ihrer einheitlichen Welt sehen, wie auch in der einheitlichen Welt des Universums.
Beachten Sie den Blickwinkel, den Ihnen diese Methoden geben. Die Methoden müssen harmonisch sein. Eine Methode muss aus der anderen folgen, genau so wie die zweite aus der ersten folgt. Eine Straße entlang gehend sehen Sie, dass jeder folgende Schritt aus dem vorherigen entsteht. Sie können aus einer sitzenden Position aufstehen und sehen, dass jede Bewegung vielfältig sein kann. Sie kann aus einer vorherigen Bewegung herausgehen, und aus ihr selbst kann die nächste vorherige Bewegung entstehen.

5. Monatstag

1. An diesem Tag sollen Sie sich auf die Elemente der Realität konzentrieren, die als Resultat Ihres Zusammenwirkens mit den anderen Realitätselementen entstehen. Ich erkläre, was das bedeutet:
Wenn Sie ihre Aufmerksamkeit auf irgendeinen Gegenstand richten, so konzentrieren Sie dadurch Ihr Bewusstsein auf diesen Gegenstand. Durch die Verbindung mit Ihnen verfügt dieses Element der Realität über einen gewissen Grad Ihrer Konzentration und ein bestimmtes Volumen Ihrer Kennt-

11

nisse. Ein Teil der von Ihnen erhaltenen Information und etwas von Ihrem Zustand, Ihrer Energie, gibt dieser Gegenstand an die anderen Elemente der Realität weiter. Genau wie z. B. das Licht der Sonne, das auf verschiedene Gegenstände fällt, teilweise von ihnen zurückgestrahlt wird und dadurch andere Objekte erhellt.

Wenn Sie sich also auf irgendeinen Gegenstand konzentriert haben, wird dieser nach dem Zusammenwirken mit Ihnen bereits etwas von sich an das äußere Milieu weiter geben. Ihre Aufgabe besteht also darin, dass Sie nachdenken und herausfinden, was jedes Element der Realität von sich selbst an die äußere Umgebung weiter gibt. Sie können selbstverständlich auch nur bei einem Element bleiben. Konzentrieren Sie sich darauf und stellen sich gleichzeitig das gewünschte Ergebnis vor. Das ist die Methode. Die Besonderheit liegt darin, dass die Konzentration auf das von Ihnen visualisierte, sekundäre Element zur Realisierung des erwünschten Ergebnis führt.

Mit Hilfe des logischen Denkens, mit Hellsichtigkeit, oder irgendwelchen anderen geistigen Methoden finden Sie also heraus, was genau das von Ihnen gewählte Element, nach der Zusammenwirkung mit Ihnen, an die äußere Realität abgibt. Während Sie sich auf das sekundäre Element der Realität konzentrieren und sich gleichzeitig das erwünschte Ereignis vorstellen, erreichen Sie seine Realisation.

2. Konzentrieren Sie sich intensiv auf die die siebenstellige Zahlenreihe:
1084321 ;
Konzentrieren Sie sich intensiv auf die die neunstellige Zahlenreihe:
194321054.

3. Wenn Sie sich den Himmel ansehen, wissen Sie, dass es die Erde gibt. Wenn Sie sich die Erde ansehen, können Sie sich den Himmel denken. Wenn Sie sich unter der Erde befinden, können Sie sich vorstellen, dass der Himmel über ihr existiert. Diese einfachen Wahrheiten sind die Quelle der ewigen Welt. Verbinden Sie den Himmel mit der Erde und Sie werden sehen, dass alles, was unter der Erde ist, auch über der Erde sein kann. Gehen Sie Ihrem Geist entgegen und finden Sie die Auferstehenden da, wo es sie gibt.

Bringen Sie die Unendlichkeit zur Wahrheit der Welt und Sie werden sehen, dass die Welt unendlich ist. Wenn Sie das erkennen, sehen Sie den wahren Schöpfer - weil er Ihnen gegeben hat, was Sie haben - und Sie schaffen so, wie er geschaffen hat. Er befindet sich sehr nahe bei Ihnen. Er ist Ihr

12

Freund, er liebt Sie. Sie müssen Ihm nur Ihre Hände entgegenstrecken und erschaffen, wie er es tut. Sie sind sein Geschöpf und Sie sind der Schöpfer selbst. Nur ein Schöpfer kann Schöpfer erschaffen. Sie müssen mit dem Schöpfer in Harmonie sein. Sie müssen offen für Ihn sein und werden so ewig in allen eigenen Erscheinungen und Schöpfungen sein. Alles, was Sie korrigieren wollen, können Sie immer korrigieren.

Alles was Sie schaffen wollen, können Sie da erschaffen, wo Sie sich befinden - und dann, wann Sie es wollen. Für die Vervollkommnung gibt es die Ewigkeit. Für Ihre Taten wird die Ewigkeit durch die Taten des Schöpfers vervielfacht. Sie sind derjenige, den der Schöpfer in Ihnen gesehen hat, den er in Ihnen erschaffen hat. Aber Sie sind auch derjenige der will, dass der Schöpfer sich mit seinen Schöpfungen in der Ewigkeit verkörpert, in der Sie sich selbst sehen. Der Schöpfer, der in Ihnen anwesend ist, ist jener Schöpfer, der zusammen mit Ihnen in jeder ihrer Taten mitwirkt. Wenden Sie sich an Ihn und Sie werden Harmonie erhalten.

6. Monatstag

1. An diesem Tag führen Sie eine Konzentration mit folgendem Kernpunkt durch: Veränderung der Bewusstseinsstruktur nach der Konzentrationsdichte, aufgrund der Wahrnehmung von fernen Objekten.

Diese Konzentrationsmethode ist dann hilfreich, wenn Sie wollen, dass das benötigte Ereignis an irgendeiner bestimmten Stelle stattfindet. Sie brauchen dann nur ihr Bewusstsein genau in diesem Umfeld zu konzentrieren. Die Methode können Sie ebenso erfolgreich anwenden, wenn Sie umgekehrt nicht wollen, dass ein bestimmtes Ereignis/Situation stattfindet, wenn es/sie Ihnen ungünstig erscheint. In diesem Fall müssen Sie die negative Information auflösen. Auflösen bedeutet hier: „defokusieren" - Ihr Bewusstsein an dieser Stelle auflösen, die Konzentration dort wegnehmen und verlagern. Die so entstehende Entladung führt zur Nicht-Verwirklichung eines/einer ungünstigen Ereignis/Situation.

Die Verwirklichung des erwünschten Ereignisses an einem ausgewählten Ort kann man mit Hilfe der Bewusstseinskonzentration auf ferne Elemente seines Bewusstseins erhalten. Diese Steuerungsmethode hatte ich schon früher erwähnt. Bei Ihrer Anwendung benutzt man die Bewusstseinselemente, die für die Wahrnehmung ferner Objekte verantwortlich sind. Dabei können Sie wirkliche physische Objekte wahrnehmen, so wie Sie mit Ihrer normalen Sehkraft sehen, oder Sie können ferne Objekte im Geiste betrachten. In beiden Fällen benutzen Sie die fernen Elemente Ihres Bewusstseins. Und wenn Sie dabei in Ihrem Bewusstsein das Ereignis, das Sie an dieser Stelle realisieren wollen, fixieren, dann wird es genau an der Stelle stattfinden.

Der Kernpunkt dieser Methode ist also folgender: je entfernter die Bereiche Ihres Bewusstseins für die Darstellung einer Information gewählt sind, desto besser werden Sie bearbeitet und desto vollständiger wird das Ereignis realisiert werden. Und das Ereignis wird dabei an der richtigen Stelle stattfinden.

Bezüglich der destruktiven Kräfte kann man die Defokusierungs-Methode nehmen. Wenn Sie ihr Bewusstsein defokusieren, können Sie negative Informationen so weit ausdünnen, dass Sie nicht mehr wahrnehmbar wird, als ob Sie überhaupt nicht da wären.

2. Konzentrieren Sie sich intensiv auf die die siebenstellige Zahlenreihe:
1954837 ;
Konzentrieren Sie sich intensiv auf die die neunstellige Zahlenreihe:
194321099.

3. Wenn Sie die Welt so sehen, als ob Sie „verkehrt" ist, müssen Sie immer wissen, dass die beliebig verkehrte, zerstreute oder zusammengepresste Welt trotzdem immer die Welt der Einheit, der Harmonie und des Segens ist. Sie müssen verstehen, dass hinter allen „verkehrten", mehrdeutigen oder nicht charakteristischen Zuständen der Welt immer Gottes Segen steht. Sie können diese Harmonie immer haben, wissend, dass Sie ewig waren, ewig sind und ewig sein werden. Keine vordergründige Information wird diesen Gotteswillen ändern können.

7. Monatstag

1. Am 7. Tag des Monats konzentrieren Sie sich auf maximal entfernte Bereiche des Bewusstseins. In der Praxis haben wir dann mit ihnen zu tun, wenn wir auf ferne Wolken oder auf ferne Gegenstände, wie z. B. Bäume und deren Blätter gucken.

Für die Materialisierung irgendeines Objekts oder zur Erfüllung von irgendeinem Ereignis ist es nötig, eine große Menge an Informationen zu verarbeiten. Maximal entfernte Bereiche des Bewusstseins ergeben die schnellste Bearbeitung der Information. Deswegen, je weiter Bewusstseinsbereiche Sie wählen, desto schnellere Informationsbearbeitung können Sie erreichen.

Das Wissen um diese Faktoren wird folgendermaßen benutzt: Sie gucken sich mit Ihrer normalen Sehkraft eine Wolke an oder sehen Sie vor

14

Ihrem geistigen Auge und bauen gleichzeitig im eigenen Bewusstsein das gewünschte Ereignis auf dieser Wolke auf (oder alternativ auch auf einem Blatt, wenn Sie auf ein entferntes Blatt eines Baumes gucken). Durch Benutzung maximal entfernter Bereiche des Bewusstseins kann man in diesem Fall schnell das erwünschte Resultat erreichen. Dabei wird das Stattfinden des Ereignisses auf harmonische Weise durchgeführt. Weil die Wolke nicht zerstören kann, genauso wie auch Blätter keinen Schaden zufügen können. Und als Resultat erhalten Sie auf harmonische Weise das erwünschte Ereignis.

2. Konzentrieren Sie sich intensiv auf die die siebenstellige Zahlenreihe: **1485321** ;
Konzentrieren Sie sich intensiv auf die die neunstellige Zahlenreihe: **991843288**.

3. Sie sehen, dass die Welt sich nach Ihrem Ebenbild und durch Ihre Zusammenarbeit mit dem Willen des Schöpfers entwickelt. Sie sehen, dass die Welt die von allen anerkannte Schöpfung ist, und wenn Sie die Welt über Ihre Taten verändern wollen, dann führen ihre Taten zu allgemeinem Segen, Ihre Taten festigen sich, Ihre Gesundheit kräftigt sich und der allgemeine Segen tritt ein. Der allgemeine Segen - das ist die Tat der Welt, die Sie in das Reich Gottes führt und dahin, dass Sie ein universelles und individuelles Leben, für immer und ewig, erhalten.

8. Monatstag

1. An diesem Tag lernen Sie zu steuern, während Sie sich auf eine Ereignisfolge konzentrieren. Stellen Sie sich vor, dass Sie an der See sitzen und sich einen schnell vorbeifahrenden Fischkutter anschauen. Vor ihm ist das Wasser ruhig, nach ihm entstehen Wellen. Die Wellen sind die Folge der Wirkung des Kutters. Schauen wir uns ein wachsendes Blatt eines Baumes an. Dieses Blättchen kann man auch als Folge der Existenz des Baumes betrachten. Wolken kamen auf und die ersten Regentropfen sind auf die Erde gefallen. Die Regentropfen kann man auch als Folge der Existenz der Wolken betrachten.

Um Sie herum gibt es ähnliche Beispiele in großer Anzahl. Sie nehmen eine beliebige Erscheinung und konzentrieren sich auf eine ihrer Folgen.

15

Dabei halten Sie in Ihrem Bewusstsein das gewünschte Ereignis - und es tritt ein!

Diese Steuerungsmethode ist sehr effektiv. Mit ihrer Hilfe kann man auch vergangene Ereignisse verändern.

2. Konzentrieren Sie sich intensiv auf die siebenstellige Zahlenreihe: **1543218** ;
Konzentrieren Sie sich intensiv auf die neunstellige Zahlenreihe: **984301267.**

3. Sie sehen, dass die Unendlichkeit der Linienführung der Zahl 8 in sich die Welten, die Sie schon in den vorherigen 7 Tagen getroffen haben, verbindet. Und wenn sich Ihre Welt mit allen Welten verbindet, sehen Sie, dass Sie soviel Freude in der Seele haben, wie verschiedenartig die Welt ist. Wenn Sie jedes Teilchen der Welt als allgemeine Freude aufnehmen, werden Sie sehen, dass die Freude ewig ist, genauso wie der Segen ewig ist. Und in diesem Fall der allgemeinen Freude heben Sie die Hände hoch und sehen sich den Segen Gottes an, der Sie zur Ewigkeit aufruft.

Sehen Sie die Ewigkeit da, wo sie ist. Sehen Sie die Ewigkeit da, wo es sie nicht gibt. Sehen Sie die Ewigkeit da, wo sie immer war, und Sie werden da zum Schöpfer der Ewigkeit, wo es sie aus der Sicht eines anderen nicht gibt. Wenn Sie die Ewigkeit gesehen haben und sie erschaffen, werden Sie immer ewig sein, in allem, in beliebiger Ewigkeit und beliebiger Welt. Sie sind der Schöpfer nach Gestalt und dem Ebenbild Gottes, und die Ewigkeit schafft Sie nach der Gestalt und dem Ebenbild Gottes. Die Ewigkeit schaffend, werden Sie sich selbst erschaffen. Während Sie sich selbst erschaffen, erschaffen Sie das Ewige, genauso wie das einige Ewige die andere Ewigkeit erschaffen kann und so, wie der Schöpfer alles gleichzeitig erschaffen hat.

9. Monatstag

1. Am 9. Tag des Monats beschäftigen Sie sich mit folgender Aufgabe: der Konzentration auf maximal entfernte Bereiche des Bewusstseins, in maximal angenäherte Punkte ihres Bewusstseins. Das bedeutet die Konzentration besteht darin, dass Sie maximal entfernte Bereiche Ihres Bewusstseins in maximal angenäherte Bereiche überführen. Dabei muss die Überführung so erfolgen, als ob Ihre Wahrnehmung von maximal entfernten Bereichen Ihres Bewusstseins sowie von maximal angenäherten

16

Bewusstseinsbereichen ein und dieselbe wäre. In diesem Fall können Sie einen einheitlichen Impuls zum Aufbau eines beliebigen Elementes der Welt erhalten.

Sobald Sie das erreicht haben, sind Sie ein Spezialist der Steuerung geworden. Dann brauchen Sie nur in einem Zustand der geistigen Einstimmung zu sein, dass alles normal sein sollte, und es wird alles normal sein. Es genügt einfach, einen Wunsch zu haben und es wird genau so kommen. Dieser einheitliche Impuls, von dem ich erzählt habe, entwickelt einen besonderen geistigen Zustand. Dieser Zustand ist nicht ganz mit dem Denken verbunden, weil das Denken in diesem Zustand, als solches, ausbleiben kann. Das kann einfach eine Einstimmung sein, z. B. auf Güte, auf Schaffung oder Herstellung der Harmonie. Die Gegenwart der Einstimmung auf diesen Zustand führt bereits zur günstigen Entwicklung der Ereignisse.

Ich betone, dass diese Konzentrationsmethode eine besondere Wahrnehmungsform betont. Die Wahrnehmung befindet sich in Ihrem Bewusstsein und stellt ein Teil Ihres Bewusstseins dar. Sie strukturieren sie extra auf eine Weise, die im Endeffekt so arbeitet wie ich es gesagt habe. Die beschriebene Konzentrationsmethode berührt tiefe Steuerungsfragen aufgrund Ihres Bewusstseins.

2. Konzentrieren Sie sich intensiv auf die die siebenstellige Zahlenreihe:
   1843210 ;
   Konzentrieren Sie sich intensiv auf die die neunstellige Zahlenreihe:
   918921452.

3. Wenn Sie sich die Welt als eine sehr tiefe Wesenheit des Weltalls ansehen, werden Sie sehen, dass alles was in der Natur existiert, dass jeder der in der Natur existiert, z. B. eine Pflanze, ein Mensch, ein Tier, jedes Molekül oder auch das, was noch nicht oder schon erschaffen wurde. Das alles hat eine einheitliche Grundlage Gottes, der die Mechanismen alles Erschaffenen gezeigt hat. Wenn Sie einmal gesehen haben wie man erschafft, so können Sie selbst alles erschaffen.

Kommen Sie dazu durch den Ursprung von Ihrem eigenen „ich". Kommen Sie dazu durch die Tiefe Ihres „ich" und Sie werden sehen, wie ihr „ich" sich zusammen mit dem ganzen Universum entwickelt. Sie werden sehen, dass Ihr „ich" wächst und sich in die Welt verwandelt. Sie sind die Welt. Sie sind die Realität. Sehen Sie dies mit den Augen der ganzen Welt.

Betrachten Sie es durch die Augen der ganzen Welt, betrachten Sie es durch die Augen von jedem, betrachten Sie es durch Ihre eigenen Augen, und Sie werden sehen, dass Ihre Seele Ihre Augen „sind". Gucken Sie mit der Seele auf die Welt und Sie werden die Welt so sehen, wie sie ist, und Sie können sie so korrigieren, wie es nötig ist und Sie werden die Welt so sehen, wie Sie sie benutzen müssen um die Ewigkeit

17

zu erreichen. Sie werden immer den Weg wissen, wenn Sie die Welt von sich aus, aus sich heraus, und außer sich betrachten.

10. Monatstag

1. An diesem Tag praktizieren Sie eine Konzentration mit folgendem Kernpunkt: Konzentration auf alle Objekte der äußeren Realität die Sie gleichzeitig, während eines einzigen Wahrnehmungsimpulses aller dieser Objekte, erfassen können. Sie stimmen sich darauf ein, dass Sie alle Ihrer Wahrnehmung zugänglichen Objekte, während einem einzigen Moment, wahrnehmen würden. Als Resultat dieser augenblicklichen Wahrnehmung, müssen Sie sich aller dieser äußeren Objekte bewusst werden.

Selbstverständlich kann sich am Anfang dieser Praxis die Wahrnehmung aller Informationen über alle Objekte nur teilweise ergeben. Nehmen Sie das ruhig hin. Das endgültige Ziel Ihrer Arbeit ist die vollständige Wahrnehmung aller Objekte. Mit der Zeit werden Sie diese Fähigkeit immer mehr beherrschen. Sie werden am Anfang sogar bei der augenblicklichen Wahrnehmung der umgebenden Objekte klitzekleine Informationen von jedem Objekt mitbekommen, z. B. die Vorstellung davon, dass es diese Objekte irgendwo gibt, dass Sie existieren. Im Grunde genommen, brauchen Sie, um eine Information über das Objekt zu erhalten, nur den richtigen Punkt der Konzentration zu finden und sich einzustimmen.

Sie werden dann jedes beliebige Objekt wahrnehmen können und Zugang zu allen Bereichen der Steuerung erhalten. Und weil Sie bei dieser Konzentrationsmethode lernen gleichzeitig große Mengen von Objekten wahrzunehmen, erlaubt Ihnen dieses Praktikum sofort, eine große Informationsmenge zu regulieren. Als konkretes Beispiel kann ich so ein Resultat dieser Praxis vorführen: angenommen es steht vor Ihnen ein Computer. Sobald Sie einen Blick auf sein Äußeres werfen, werden Sie sofort wissen, wie man diesen Computer steuert, und was man überhaupt durch seine Benutzung erhalten kann.

Die hier gezeigte Konzentrationsart wird Ihnen erlauben, Information von einem beliebigen Objekt zu erhalten. Genau so, mit Hilfe dieser Praxis, erlernen Sie beliebige Information von Objekten zu steuern. Dabei kann der Zugang zur Steuerung logisch sein, oder auch unlogisch - auf geistiger Basis.

2. Konzentrieren Sie sich intensiv auf die siebenstellige Zahlenreihe:
    1854312 ;

18

Konzentrieren Sie sich intensiv auf die neunstellige Zahlenreihe:
894153210.

3. Die Vereinigung von zwei Zahlen, der 1, und der neuen Zahl 0, hat dazu geführt, dass Sie die Welt zuerst so gesehen haben, als ob die Zahl Null in der Eins enthalten ist. Wenn Sie die Zahl 1 betrachten und vergrößern bis sie durch Zugabe der Zahl 0 zur 10 wird, führen Sie eine Handlung durch. Somit muss Ihre Aktion und Handlung nach diesem Prinzip harmonisch sein. Sie müssen sehen, dass jede Ihrer Aktionen, qualitativ und quantitativ, jede Ihrer Manifestationen wesentlich vergrößern kann. Sie sind die Manifestation der Welt. Harmonisieren Sie sie mit dem, was Sie sehen. Achten Sie auf sich selbst und Ihre Gedanken. Sie müssen da sein, wo Sie sind, Sie müssen da sein, wo Sie nicht sind, Sie müssen überall sein, denn Sie sind Schöpfer und Gestalter. Und Ihre Harmonie muss zu der Ewigkeit führen. Die Auferstehung ist ein Element der Ewigkeit. Die Unsterblichkeit ist genauso ein Element der Ewigkeit. Sie müssen für sich die wahre Ewigkeit finden, wo Unsterblichkeit und Auferstehung nur gesonderte Fälle der Ewigkeit sind. Sie müssen der Schöpfer aller und von Allem sein. Und was hinter dem Auferstehen und der Unsterblichkeit folgt, hinter der wahren Unsterblichkeit, das müssen Sie wissen und sich genau vorstellen. Wahre Unsterblichkeit gebiert den nächsten Status der Ewigkeit, den nächsten Status der Welt und den nächsten Status der Persönlichkeit. Sie müssen dazu bereit sein und immer wissen, dass andere Aufgaben, die Aufgaben der Ewigkeit die vor Ihnen geboren sind, und die Sie vor sich selbst stellen, neue Welten gebären die Sie in Ihrem Bewusstsein errichten.

Und diese Welt, genauso wie 1 und 0 = 10 ergeben, diese Welt ist auch das, was Sie immer haben werden, wenn Sie ewig werden, weil Sie schon ewig sind. Ihre Unsterblichkeit ist in Ihnen selbst enthalten, sie sind ewig und unsterblich, es ist genug sich darüber bewusst zu werden. Gehen Sie auf dieses Niveau durch den Weg der zugänglichen, verstandesmäßigen Tat, einer wie der Verbindung mit der 1 und 0, und Sie erhalten diese Unsterblichkeit in jeder Ihrer Taten, in jeder Ihrer Erscheinungen und in jedem Ihrer Schritte.

Ich habe bis hierhin Konzentrationsübungen für die ersten 10 Tage des Monats gegeben. Im Prinzip könnten Sie weitere Konzentrationen bis zum Ende des Monats selbst herausfinden. Das könnte man auf Basis der Folgegrundverbindungen im Bereich der Information machen. Das was Sie schon wissen könnten Sie weiter entwickeln, wenn Sie die ganze Arbeit von der

19

Position der Fundamentalsteuerung betrachten. Allerdings werde ich die Konzentrationen weiter vorgeben, dieses aber in kürzerer Form machen.

11. Monatstag

1. Am 11. Tag des Monats konzentrieren Sie sich auf die Ereignisse, die sich durch die Zusammenwirkung der Tiere mit dem Menschen manifestieren. Wohnt bei Ihnen im Haus z. B. ein Hund, eine Katze, oder irgendein Vogel – vielleicht ein Papagei? Denken Sie nach, welcher tiefere Sinn hinter diesen Kontakten mit den Tieren steht. Das heißt, sowohl aus unserer Sicht als auch aus deren Sicht?

Sich der Denkprozesse und der Wahrnehmung der anderen Teilnehmer am Leben bewusst zu werden, erlaubt Ihnen in die Struktur der Steuerung der gesamten Realität hineinzufinden.

2. Konzentrieren Sie sich intensiv auf die die siebenstellige Zahlenreihe:
1852348 ;
Konzentrieren Sie sich intensiv auf die die neunstellige Zahlenreihe:
561432001.

3. So wie Sie die Zahl 1 durch das Hinzufügen der Zahl 0 um ein 10-faches vergrößert haben, erhalten Sie auch die nächste Zahl, wenn Sie zur Zahl 1 noch eine 1 hinzufügen. Die Zahl 11 ist die Verkörperung Ihrer Inneren Welt, die alle sehen. Sie sind die Wesenheit, die alle immer sehen können. Jeder kann Ihre harmonische Erfahrung, die Sie in Ihrer Entwicklung machen, für sich erhalten. Teilen Sie Ihre Erfahrung und Sie erhalten ewiges Leben.

12. Monatstag

1. An diesem Tag konzentrieren Sie sich auf die Erscheinungen, bei denen eine Frage zur Erschaffung des Ganzen entstehen kann. Fällt z. B. einer Gans oder einem Schwan eine Feder aus? Konzentrieren Sie sich in diesem Fall darauf, was man tun könnte, damit die Feder an Ihre Stelle zurückkehrt. Wie könnte man sie zurückversetzen? Sie versuchen zu verstehen, wie man das einheitliche Ganze schaffen oder wieder erschaffen könnte! Oder nehmen wir ein anderes Beispiel: von einem Baum fällt ein Blatt. Wie kann man erreichen, dass das Blatt wieder auf seinen Platz zurückkehrt und der Baum zusammen mit dem Blatt in seinem ursprünglichen Zustand erscheint? Es handelt sich hier um eine Konzentration auf die Zusammenfügung getrennter Elemente der Realität in ein einheitliches Ganzes, das ihre Norm darstellt. Das Praktizieren dieser Konzentration bedingt die Steuerung der Ereignisse. In dieser Konzentration, wie auch in allen anderen, kann man als Objekt der Betrachtung auch sich selbst nehmen. Sie können ein beliebiges Ihrer Organe wiederherstellen.

Zu mir kam einmal eine Frau mit der Bitte um Rat. Bei einer Operation wurde ihr die Gebärmutter entfernt. Sie können sich vorstellen, was das für eine Frau bedeutet? Ich habe daraufhin die gleichen Prinzipien und die Methode angewandt, die sie jetzt auch kennen - diese Frau hat wieder eine funktionsfähige und gesunde Gebärmutter …

2. Konzentrieren Sie sich intensiv auf die die siebenstellige Zahlenreihe:
  1854321 ;
  Konzentrieren Sie sich intensiv auf die die neunstellige Zahlenreihe:
  485321489.

3. Vereinigen Sie sich mit der Welt in Ihrer Hülle, mit dem wie Sie die Welt in eigenen Handlungen aufnehmen und Sie werden sehen, dass Ihre Handlungen - das ist das Wesenheit der Welt - mit Ihnen überall und immer harmoniert.

Sie werden sehen, dass Gott, als er uns seinen Segen beschert hat, Einheit mit uns wollte. Wir sollen Einheit da haben, wo Gott Entwicklung gibt. In der Entwicklung liegt die Einheit mit Gott. In der göttlichen, wahrhaftigen und erbauenden Entwicklung in jedem Moment Ihrer Bewegung entsteht Einheitlichkeit. Sie bewegen sich und entwickeln sich in die Richtung der Ewigkeit, und das wird für immer Ihre Einheit mit dem Schöpfer, in Ihrer ewigen Entwicklung sein. Die Ewigkeit des Lebens - das ist die wahrhaftige Einheit mit dem Schöpfer.

13. Monatstag

1. Am 13. Tag konzentrieren Sie sich auf irgendein unbekanntes einzelnes Element der Realität. Angenommen Sie nehmen irgendein Objekt wahr. Das kann z.B. ein Lastwagen, eine Palme oder ein Stein sein. Was für ein Gegenstand, das spielt keine Rolle. Hier ist die Hauptsache, dass Sie aus dem ausgewählten Objekt irgendwelche Fragmente oder Teile bewusst aus-

21

sondern. Sagen wir, ein Lastwagen kann man sich aus vielen getrennten Teilen bestehend vorstellen. Ihre Aufgabe hier ist, existierende Verbindungen zwischen einzelnen Teilen herauszufinden. Wenn Sie diese Verbindungen finden und gleichzeitig in Ihrem Bewusstsein das benötigte Ereignis behalten (z. B. Heilung von irgendjemandem oder Erwerb der Hellsichtigkeit), dann erreichen sie dass dieses Ereignis stattfindet. So können Sie Ihre Möglichkeiten der Steuerung der Realität vervollkommnen.

Ich erinnere daran, dass man so mit allen Formen umgehen kann, außer der Form des Menschen. Mit dem Menschen darf man das so nicht machen. Der Mensch muss immer ganzheitlich wahrgenommen werden. Das ist ein Gesetz!

2. Konzentrieren Sie sich intensiv auf die siebenstellige Zahlenreihe:
1538448 ;
Konzentrieren Sie sich intensiv auf die neunstellige Zahlenreihe:
154321915.

3. Sie werden die Gesichter sehen, die diese Welt vor uns aufgebaut hat. Sie werden die Mechanismen sehen, die diese Welt vor uns aufgebaut hat. Sie werden die Welt sehen, die vor uns war. Sie werden empfinden, dass Sie immer da waren, und diese Empfindung übertragen Sie auf diese Gesichter. Mit dieser Empfindung bauen Sie diese Mechanismen wieder auf. Und Sie werden sehen, dass alles um Sie herum was künstlich nachgebildet worden ist oder von der Natur erschaffen wurde, der Schöpfer ist. Er verkörpert sich in dem, was Sie sehen. Die Verkörperung - das ist die Welt, die gerade erschaffen wird.

So können Sie beliebige Technologien finden die von geistiger, intellektueller, technischer oder welcher Art auch immer, aber unbedingt von schöpferischer Entwicklung sind. Schauen Sie sich diese Entwicklung an, wie eine gleichberechtigte allerorts existierende Entwicklung der beliebigen Realitätselemente und beliebigen Informationselemente und Sie werden das Wesen erkennen, das gleichzeitig Ihre Seele, Ihre Persönlichkeit und Ihr Schöpfer ist. Individualität des Schöpfers und alles von Ihm geschaffene bildet die Grundlage der Weltharmonie, diese Harmonie ist allem eigen, ist immer da und immer verständlich. Der Schöpfer der Sie individuell erschaffen hat, hat alle gleichzeitig erschaffen. Genauso werden Sie die Welt individuell schaffen und gleichzeitig für alle, für alle Zeiten und Dimensionen.

14. Monatstag

1. An diesem Tag konzentrieren Sie sich auf die Bewegung der Sie umgebenden Objekte. Beobachten Sie diese Objekte und fragen Sie sich, warum bewegt sich diese Wolke, warum regnet es, warum können Vögel fliegen, warum geschieht das alles überhaupt? Sie bemühen sich, für sich den Sinn der Information aus jedem Ereignis zu finden. Wenn Sie sich so konzentrieren und gleichzeitig in Ihrem Bewusstsein das gewünschte Ereignis behalten, erreichen Sie dessen Erfüllung. Gleichzeitig vervollkommnen Sie sich in der Kunst der Steuerung.

2. Konzentrieren Sie sich intensiv auf die siebenstellige Zahlenreihe:
5831421 ;
Konzentrieren Sie sich intensiv auf die neunstellige Zahlenreihe:
999888776.

3. An diesem Tag sollen Sie Ihre Hände ansehen wie die Hände, die das Licht des Lebens widerspiegeln. Sie sollten Ihre Finger so sehen wie die Finger, die das Licht der Hände widerspiegeln. Sehen Sie an diesem Tag Ihren Körper an, der in klarem Licht des Schöpfers strahlt, der in klarem Licht der Liebe, Güte und Gesundheit für alle strahlt, und der in klarem Licht meiner Lehre über ewiges Leben strahlt.

An diesem Tag können Sie meine Lehre über das ewige Leben nachempfinden und sich in Gedanken an mich wenden. Sie können sich natürlich genauso an einem beliebigen anderen Tag an mich wenden und in einem beliebigen anderen Zustand. Und Sie können immer darum bitten, was Sie für das ewige Leben und die allgemeine Erschaffung erhalten wollen. Wenden Sie sich an mich und Sie erhalten Hilfe. Sie können sich aber auch an sich selbst wenden und selbstständig das erfahren, was Sie von mir erhalten haben oder sich wünschen. Sie können diese Kenntnisse erfahren, anwenden und anderen zeigen. An diesem Tag können Sie mit mir in Harmonie sein, so wie Sie mit mir an allen beliebigen Tagen harmonieren können, wenn Sie es wünschen.

Wenn die Zeit nicht mehr als Zeit und Raum gemessen wird, können Sie sich immer an mich wenden und immer mit der Bitte um Hilfe zu mir kommen, mit der Bitte um ein Gespräch, mit der Bitte um ein Ereignis, oder einfach nur so. Sie sind frei, so frei wie Sie immer waren. Machen Sie sich das zur Regel, verbreiten Sie diese Regel und Sie erhalten ewiges Leben dort,

23

wo ich bin. Sie erhalten ewiges Leben dort, wo Sie sind und Sie erhalten ewiges Leben dort, wo alle sind. Sie erhalten Ewigkeit, wo es alles immer gibt. Dieses Prinzip wird immer glaubwürdig und wahrhaft für alle sein, denn es ist schon wahrhaft und glaubwürdig für alle, und Sie sind schon diejenigen, die in der Ewigkeit sind, denn Sie sind schon die Ewigkeit selbst.

15. Monatstag

1. Am 2. Tag des Monats haben Sie sich auf Ihren kleinen Finger der rechten Hand konzentriert. Am 15. Tag können Sie diese Konzentrationsübung mit einem anderen Teil Ihres Körpers, z. B. einem anderen Finger oder Nagel etc., ganz nach Ihrem Ermessen, praktizieren. Ansonsten wird die Konzentration genauso durchgeführt, wie ich es am 2. Tag (Seite 4) vorgegeben habe.

2. Konzentrieren Sie sich intensiv auf die siebenstellige Zahlenreihe:
7788001 ;
Konzentrieren Sie sich intensiv auf die neunstellige Zahlenreihe:
532145891.

3. An diesem Tag können Sie Gottes Wonne empfinden, welche uns den höheren Intellekt beschert hat, der seinerseits Gott dankbar für seine Erschaffung ist. Für die Schaffung jedes seiner Elemente und für die Schaffung eines Zustands, dass er das ganze Universum wiedergeben kann, weil Gott überall gegenwärtig ist. Nach diesem Prinzip können Sie auch die Dankbarkeit der Pflanze und des Tieres in Beziehung zu Ihnen empfinden. So wie Sie auch die Dankbarkeit von anderen Menschen empfinden und deren Liebe. Sie werden sehen, dass sie auch geliebt werden. In der Liebe ist Erbauung, Güte und sie durchdringt alles.

Die allgemeine Liebe, die von allen erreichbar ist, und die alle erreicht, das ist auch der Schöpfer. Das ist der Schöpfer, der die Welt in Ihrer Erscheinung verkörpert. Sie sind die Erscheinung der Liebe des Schöpfers, weil er auch die Liebe in Beziehung zu Ihnen ist. Sie haben von Anfang an die Gabe des Schöpfers erhalten und Sie sind selbst der Schöpfer, weil Sie vom Schöpfer als ewigem Gott-Gestalter allumfassend erschaffen worden sind. Sie sollen dahin gehen wo er ist - und er ist überall. Sie sollen dahin gehen, wohin er Sie ruft und er ruft Sie überall hin. Er ist da, wo Sie sind. Er ist überall, wo Sie sind. Sie sind in der Bewegung des Schöpfers. Sie sind die

24

Verkörperung seiner Ewigkeit - gehen Sie dem Sorgen des Schöpfers nach. Er hat die ewige Welt mit allen Verbindungen erschaffen und Sie werden sehen, dass die Welt ewig erschaffen wird. Sie werden sehen, dass die Welt das Ewige von Ihnen verkörpert. Sie sind der Schöpfer, der alles Ewige erschafft und der Schöpfer hat bei der Erschaffung der ewigen Welt, auch Sie für ewig erschaffen.

16. Monatstag

1. An diesem Tag konzentrieren Sie sich auf die Elemente der äußeren Realität, mit denen Ihr Körper in Kontakt tritt. Von Kindheit an erinnern wir Russen uns an die schöne Redewendung „Sonne, Luft und Wasser sind unsere besten Freunde". In dieser Konzentration bemühen Sie sich, sich bewusst zu werden, wie Sie mit diesen Freunden zusammen wirken.

Sie konzentrieren sich auf die Wärme, die Ihnen die Sonnenstrahlen geben. Sie fühlen deren Berührung und Sie spüren ihre Wärme. Sie fühlen einen leichten Wind, der sie umweht. Sie empfinden seinen Hauch, oder es können auch stärkere Windböen oder absolut stillstehende Luft sein. Und wenn es dabei sehr heiß ist, und eine hohe Luftfeuchtigkeit herrscht, dann empfinden Sie gleichzeitig Wärme, Luft und Wasser auf Ihren Wangen. Die erfrischende Wirkung des Wassers können Sie auch erfahren, wenn Sie sich waschen, eine Dusche nehmen oder schwimmen.

Diese Konzentration kann man auch in der kalten Jahreszeit durchführen, dabei haben Sie immer ein unbedecktes Gesicht. Und während der warmen Zeit, besonders im Sommer am Strand, kann Ihr ganzer Körper den Kontakt mit der Sonne, Luft und Wasser genießen. Dazu können Sie auch noch den Kontakt mit der Erde hinzufügen.

Die Konzentration ist sehr wichtig denn dadurch treten Sie in die bewusste Zusammenwirkung mit den Elementen der Natur. Diese Praxis kann man selbstverständlich jeden Tag durchführen. Wenn sie während der Konzentration gleichzeitig das gewünschte Ereignis im Bewusstsein behalten, bewirken Sie dessen Realisation.

2. Konzentrieren Sie sich intensiv auf die siebenstellige Zahlenreihe
1843212 ;
Konzentrieren Sie sich intensiv auf die neunstellige Zahlenreihe:
123567091.

25

3. Fühlen Sie die Harmonie da wo sie ist, denn sie ist überall und immer da. Es ist die Harmonie des Schöpfers. Fühlen Sie die Harmonie da wo sie ist und sein wird. Das ist die Harmonie Ihrer Entwicklung. Fühlen Sie die Harmonie da wo sie ist, wo sie war und sein wird und da wo sie nicht war, wo es sie nicht gibt und wo sie immer sein wird. Das ist die Harmonie der Veränderung. Es ist die Harmonie der Wandlung. Die Wandlung in das ewige Leben. Kommen Sie überall zu sich selbst, fühlen Sie überall diese Harmonie und Sie werden sehen, wie sich Wellen der Freude und der Liebe von Ihrer Harmonie ausbreiten. Sie werden sehen, dass Sie die Welt in Ihrem ewigen Status der Standhaftigkeit für immer harmonisch machen. Sie sind der Kämpfer, aber schon in der ewigen göttlichen Güte für ein ewiges Leben und ewigen Glauben.

17. Monatstag

1. Am 17. Tag des Monats konzentrieren Sie sich auf die Elemente der äußeren Realitäten, die Sie, von Ihrem Standpunkt aus, immer umgeben. Das sind der Sie umgebende Raum, die Sonne, der Mond, die Ihnen bekannten Sternbilder und was auch immer in Ihrer Vorstellung existiert. Sie konzentrieren sich auf irgendeines von diesen Elementen und behalten, wie immer, das benötigte Ereignis für seine Realisation, in Ihrem Bewusstsein.

2. Konzentrieren Sie sich intensiv auf die siebenstellige Zahlenreihe:
1045421 ;
Konzentrieren Sie sich intensiv auf die neunstellige Zahlenreihe:
891000111.

3. Betrachten Sie mit wachen Augen das Auferstehen von allem. Sie werden sehen, dass die Wiederherstellung der Welt die Realität ist, in der Sie leben. Sie werden spüren, dass Sie sich in der ewigen Welt befinden. Bewegen Sie sich auf diesem Pfad voran und Sie werden den Weg, der Sie ruft erkennen. Gehen Sie diesen Weg und Sie werden den Schöpfer sehen, der ewig ist, und Sie werden Ihre Ewigkeit genießen. Und dieser Genuss, das ist die Ewigkeit des Lebens. Und der Schöpfer, das ist der Schöpfer, der Sie erschaffen hat. Seine Liebe ist grenzenlos und Seine Einfachheit ist vertrauensvoll. Er ist einfach und durchsichtig, wie Sie ihn sich vorstellen, wie Sie früher schon über Ihn dachten. Er ist genauso gütig und konstruktiv, wie Sie

26

es früher schon gewusst haben. Er ist Ihr Schöpfer und er weist Ihnen den Weg. Gehen Sie seinen Weg, weil sein Weg Ihr Weg ist.

18. Monatstag

1. An diesem Tag konzentrieren Sie sich auf unbewegliche Objekte. Das kann ein Gebäude, ein Tisch oder auch ein Baum sein. Wählen Sie das aus, was Ihnen gefällt. Dann müssen Sie das individuelle Wesen des gewählten Objektes, seinen Sinn finden. Der Sinn für Sie ist, dass Sie verstehen müssen, was dieses Objekt für Sie bedeutet. Das ist die Konzentration.

Ich brauche bei der Beschreibung der Übungen ab jetzt nicht mehr hinzufügen, dass Sie während der Konzentration das gewünschte Ereignis im Bewusstsein behalten müssen, um es zu steuern. Das wird auch weiterhin vorausgesetzt.

2. Konzentrieren Sie sich intensiv auf die siebenstellige Zahlenreihe:
1854212 ;
Konzentrieren Sie sich intensiv auf die neunstellige Zahlenreihe:
185321945.

3. Sie gehen dahin, wo es Leute gibt. Sie gehen dahin, wo es Ereignisse gibt, wo etwas passiert. Sie arbeiten da, wo es Widerstand gibt. Und wenn Sie das erkennen, wird der Widerstand durchsichtig, seine Kräfte schwächen ab und Sie werden die Welt der Ewigkeit auch dann sehen, wenn noch Widerstand da ist. Gehen Sie und seien Sie überall, wo Sie wollen. Sie können überall sein. Sie können die ganze Welt des Wohlstands umarmen, und deswegen kämpfen Sie mit dem Widerstand um ein ewiges Leben. Der Widerstand fällt, Sie werden das Licht des ewigen Lebens sehen und es aufnehmen. So wird es immer und ewig für alle Zeiten sein.

19. Monatstag

1. Am 19. Tag konzentrieren Sie sich auf die Erscheinungen der äußeren Realität, in denen sich etwas das zuerst als Ganzes existierte, in die Gesamtheit der getrennten Elemente verwandelt. Ein Beispiel für so eine Erscheinung ist eine Wolke, die sich in Regentropfen verwandelt. Ein anderes Beispiel ist eine volle Baumkrone, die sich in getrennte, fallende Blätter verwandelt.

Während dieser Konzentration auf ähnliche Erscheinungen, bemühen Sie sich Gesetze zu finden, aufgrund derer die Entwicklung solcher Ereignisse nicht zugelassen werden könnten. Solche Gesetze zu finden, das ist der Sinn dieser Konzentration.

2. Konzentrieren Sie sich intensiv auf die siebenstellige Zahlenreihe: **1254312** ;
Konzentrieren Sie sich intensiv auf die neunstellige Zahlenreihe: **158431985**.

3. Das Kämpfen des Geistes für seinen wahrhaftigen Platz in der Welt, sowie auch das Kämpfen Ihrer Seele für die Verkörperung des Schöpfers führen dazu, dass Ihr Intellekt und Ihr Verstand unter Kontrolle sein werden. Ihr Bewusstsein wird Teil des universellen Bewusstseins und Ihr Anteil des Bewusstseins wird zum allgemeinen Bewusstsein. Sie werden zu dem, wer Sie sind. Ihre Ewigkeit erscheint in Ihren Betrachtungen, Ihr Nachdenken wird zur Ewigkeit, Ihre Gedanken machen die Welt ewig. Sie werden da sein, wo Sie sind und Sie werden da sein, wo Sie nicht sind. Sie werden immer da sein, obwohl die Welt aus Zeitabständen besteht, und da wo Sie sein werden wird der Zeitabstand zu einer Welt, und der Raum wird sich mit der Ewigkeit verbinden. Die Zeit tritt ab und Sie werden in Bewegung sein. Sie werden in ewiger Zeit sein, Sie werden die ewige Zeit fühlen und diese ewige Zeit kommt zu Ihnen. Jeder Moment Ihrer Zeit erscheint ewig. Fühlen Sie die Ewigkeit in jedem Augenblick und Sie werden sehen, dass Sie sie bereits zur Verfügung haben.

20. Monatstag

1. An diesem Tag wird die Konzentration auf entfernte Gebiete des Bewusstseins angewendet. Ihre Aufgabe ist es, anderen Menschen zu helfen. Stellen Sie sich vor, dass Sie einem anderen Menschen etwas erklären müssen, was er nicht weiß und nicht versteht. Im Allgemeinen ist uns schon bekannt, dass jeder Mensch in Wirklichkeit schon alle Kenntnisse hat, dass in seiner Seele alles schon von Anfang an da ist. Deswegen besteht Ihre Aufgabe darin ihm zu helfen, die Information zu verstehen, die er schon besitzt.

Übrigens, sich der in der eigenen Seele bereits vorhanden Kenntnisse genau bewusst zu werden, ist mit wahrem Verstehen verbunden.

Das Aufwecken eines Menschen zur Wahrnehmung der benötigten Information, die in seiner Seele aufbewahrt wird, ist am einfachsten über die entfernten Bereiche seines Bewussteins durchzuführen. An diese heranzukommen ist am einfachsten durch die entfernten Bereiche des eigenen Bewussteins.

Durch diese Übung beteiligen Sie sich schon aktiv am Rettungsprogramm. In Zusammenhang damit präzisiere ich, was prinzipiell für Ihre Konzentration da sein muss. Ihre Konzentration muss so erfolgen, dass sich daraus sofort für alle ein positiver Effekt ergibt und dass für alle unverzüglich eine günstige Entwicklung sichergestellt wird. Das alles unabhängig von dem Standort der anderen Leute. Physisch können sich die Leute weit weg von Ihnen befinden, trotzdem erhalten Sie Hilfe von Ihnen. Kurz gesagt kann man diese Übung als Konzentration auf allgemeinen Erfolg bezeichnen. Gemeint ist, dass dank ihrer Arbeit die Entwicklung konkreter Situationen für alle in eine günstige Richtung verlaufen wird.

Wenn gewünscht, besonders am Anfang der Praxis, kann man an diesem Tag noch eine andere Übung dazu nehmen: Sie konzentrieren sich dabei auf solche entfernten Objekte wie die Sonne, die Planeten oder die Sterne und Sternbilder. Auch wenn Sie diese mit Ihrer normalen Sehkraft gar nicht sehen können, ist Ihre Aufgabe bei dieser Konzentration sich zu bemühen zu begreifen, was diese Objekte aus der Sicht der Information sind.

2. Konzentrieren Sie sich intensiv auf die siebenstellige Zahlenreihe:
   1538416 ;
   Konzentrieren Sie sich intensiv auf die neunstellige Zahlenreihe:
   891543219 .

3. Schauen Sie sich die Welt vom höchsten Punkt Ihres Bewusstseins an, von der tiefsten Position Ihrer Seele und mit der tiefsten Leidenschaft zum allgemeinen Wohlstand. Betrachten Sie die Welt so, als ob sie noch geschaffen wird und schaffen Sie die Welt so wie sie jetzt ist. Aber während Sie die Welt so schaffen wie sie jetzt ist, verändern Sie den Weltzustand, mit seinen Lastern, in eine bessere Richtung. In die Richtung von schöpferischem Erschaffen und ewigen Lebens.

Sie werden sehen, dass die Laster durchaus nicht Laster sind, sondern falsches Verständnis der Welt. Verstehen Sie die Welt richtig, so wie der Schöpfer sie Ihnen gibt und Sie werden sehen, dass der Schöpfer überall ist und die Richtigkeit überall ist. Man muss nur einen Schritt darauf zu machen, die gegebenen Umstände nicht leugnen und auf immer und ewig zu dieser Richtigkeit kommen. Dann werden Sie sehen, dass die Welt sich neu geordnet hat. Und Sie werden sehen, dass das Universum zu Ihrem geworden ist. Sie werden sehen, dass der Schöpfer mit Ihnen zufrieden ist und Sie werden sehen, dass Sie auch Schöpfer sind und überall, immer und ewig, schaffen können. Sie erweisen sich so als Helfer des Schöpfers und Sie erweisen sich als Helfer für jeden anderen. Sie, wie auch der Schöpfer selbst, erschaffen den Schöpfer und hier kommen Sie zu einem Punkt der Einigkeit aller.

Dieser Punkt der Einigkeit aller - das ist Ihre Seele. Ihre Seele erschafft dieses Licht des Lebens. Das Leuchten Ihrer Seele, das ist es was Sie in die Höhe, in die Weite und Breite ruft. Das Leuchten Ihrer Seele ist die Welt selbst. Sie sehen die Welt, weil Ihre Seele sie sieht. Sie sehen die Seele, weil Sie die Augen der Seele haben. Betrachten Sie sich von allen Seiten und Sie werden die allgemeine Einheit mit der Welt sehen, mit der ganzen Welt, die überall und immer existiert. Ihr Gedanke ist der Gedanke der Welt. Ihr Wissen ist das Wissen der Welt. Verteilen Sie das Wissen des Lebens, verbreiten Sie das Licht Ihrer Seele und Sie werden das ewige Leben in dem Zustand sehen, in dem Sie sich in ihm befinden. Sie werden sehen, dass das ewige Leben schon lange bei Ihnen ist. Es gab es immer, es war immer da, es wird es immer geben. Sie sind es - das ewige Leben!

21. Monatstag

1. Am 21. Tag des Monats konzentrieren Sie sich intensiv auf rückwärts laufende Zahlenreihen. Beispiel: 16, 15, 14, 13, 12, 11, 10. Die verwendeten Zahlen in diesen Reihenfolgen müssen sich im Intervall von 1 bis 31 befinden (maximale Anzahl der Monatstage). Somit stehen Ihnen 31 Zahlen zur Verfügung. Bei der Zusammenstellung der Zahlenfolgen verlassen Sie sich ganz auf Ihr inneres Gefühl.

2. Konzentrieren Sie sich intensiv auf die siebenstellige Zahlenreihe:
8153517 ;
Konzentrieren Sie sich intensiv auf die neunstellige Zahlenreihe:
589148542.

3. Schauen Sie sich an, wie ein Bergbach von den Bergen herunterfließt. Sehen Sie, wie der Schnee schmilzt. Wenden Sie dann ihren geistigen Blick

30

auf diese Bilder, wenn Sie es mit Ihren Augen gesehen haben. Sie werden sehen, dass sich Ihre Gedanken nicht von Ihren Augen unterscheiden. Sie werden sehen, dass Ihr Bewusstsein sich nicht von Ihrem Körper unterscheidet und Sie werden sehen, wie Ihre Seele Ihren Körper baut. Vergessen Sie dieses Wissen nicht, von Sekunde zu Sekunde übertragend, anderen weitergebend, aus dem Augenblick die Ewigkeit schaffend. Sie werden sich so ewig bauen, als ob Sie, ohne sich zu bemühen, früher lebten. Und eben dieses ewige Aufbauen, das ist das ewige Leben. Bauen Sie um sich herum ebenfalls andere Objekte nach dem gleichen Prinzip. Bauen Sie Welten.

Schaffen Sie Freude, säen Sie das Korn und schaffen so das Brot. Geben Sie Instrumente und geben Sie Maschinen, so, dass die Maschinen unschädlich und nicht vernichtend sind, und Sie werden sehen, dass Sie in dieser Welt wohnen und dass es Ihnen beschert ist und dass sich in den Maschinen der Schöpfer und Ihr Bewusstsein äußern. Halten Sie die Maschine an, wenn sie Sie bedroht.

Bauen Sie den Körper auf, wenn er krank ist. Verwirklichen Sie das Auferstehen, wenn jemand verstorben ist, lassen Sie das Sterben von jemand anderem nicht zu. Sie sind der Schöpfer, Sie sind der Gestalter, nehmen Sie, tun Sie und gehen Sie in Harmonie mit der Welt vorwärts. In Harmonie mit allem Erschaffenden, in Harmonie mit dem, was noch irgendwann in der Unendlichkeit der Welt erschaffen wird und in Harmonie mit sich selbst.

22. Monatstag

1. An diesem Tag konzentrieren Sie sich auf solche Elemente der Realität, die sich durch unendliche Wiedererzeugung charakterisieren. Konkretes Beispiel: Die Ewigkeit - oder der Begriff des unendlichen Raumes. Ich erinnere hier nochmal daran, dass, während Sie über z. B. die Ewigkeit nachdenken, Sie gleichzeitig das benötigte Ereignis in ihren Bewusstsein aufbauen und behalten müssen.

2. Konzentrieren Sie sich intensiv auf die siebenstellige Zahlenreihe:
   8153485 ;
Konzentrieren Sie sich intensiv auf die neunstellige Zahlenreihe:
   198516789.

3. Ihre Seele ist eine bereits gebildete Struktur, Ihre Seele ist auch eine wieder herstellbare Struktur. Schauen Sie sich an, wie Ihre Seele erschaffen wird und schauen Sie sich an, wie sie wieder hergestellt wird. Im Akt der Wiederherstellung finden Sie Ihre Seele. Öffnen Sie Ihre Welt und schauen Sie sich an, wo der Schöpfer sich wiederhergestellt hat, schauen Sie sich den Mechanismus des Wiederherstellens an, und Sie werden die Liebe sehen. Liebe, das ist das, was der Welt Licht bringt. Liebe, das ist das, worauf sich die Welt aufbaut. Die Liebe ist das, was immer existiert und was ursprünglich da war. Schauen Sie, wer die Liebe erschaffen hat und Sie werden sich selbst sehen. Die Liebe, die zu Ihnen gehört, das sind Sie, die zu der Liebe gehören. Bauen Sie mit Liebe, bauen Sie mit Wohltat, bauen Sie mit großer Freude des gemeinsamen Lebens und gemeinsamen Glücks, und Sie werden imstande sein, die Freude zu sehen, die auch alle, Sie umgebende, sehen.

Sehen Sie sich die Freude der Sie umgebenden an und Ihr Herz wird mit Glück erfüllt. Seien Sie im Glück, seien Sie in Harmonie und das Glück bringt Ihnen die Ewigkeit. Schauen Sie mit Ihren ewigen Augen, schauen Sie mit Ihrem ewigen Körper, schauen Sie sich mit Ihrem ewigen Blick Ihre Verwandten an und schenken ihnen die Ewigkeit.

Schauen Sie sich durch Ihre Ewigkeit alle Menschen an und schenken ihnen die Ewigkeit. Schauen Sie sich durch Ihre Ewigkeit die ganze Welt und Ihre Umgebung an und schenken Sie ihnen die Ewigkeit. Die Welt blüht auf und wird zu einer Blume, die ewig blüht. Und diese Blume wird Ihre Welt sein, die auch die Welt aller ist. Sie werden leben und Ihr Glück wird unendlich sein.

23. Monatstag

1. Am 23. Tag konzentrieren Sie sich auf die Entwicklung aller Elemente der Realität, in Richtung der Realisierung der Aufgaben Gottes.

2. Konzentrieren Sie sich intensiv auf die siebenstellige Zahlenreihe:
8154574 ;
Konzentrieren Sie sich intensiv auf die neunstellige Zahlenreihe:
581974321.

3. Schauen Sie sich die Welt an, was muss man für sie tun? Schauen Sie sich Ihre alltäglichen Angelegenheiten an, erblicken Sie Ihre Gefühle und schauen sie sich diese an. Sehen Sie, wie Ihre Gefühle mit den Ereignissen verbunden sind. Warum Sie vorwärts schauen, warum Sie etwas empfin-

32

den, warum geht es Ihnen so und nicht anders? Warum das Wort „anders" in der Welt nicht gegenwärtig sein kann, da die Welt einheitlich und vielfältig in ihrer Einheit ist. Warum das Wort „einheitlich" Vielfältigkeit bedeutet. Nehmen Sie die Natur der Ereignisse in ihrer konkreten Angelegenheit wahr. Schauen Sie sich diese Angelegenheit von allen Seiten an. Schauen Sie sich Ihren Körper an und stellen sie ihn durch einen geistigen Augenblick wieder her. Schauen Sie sich Ihr Bewusstsein an, und machen Sie es zu einem, dass alle ihre Fragen löst. Schauen Sie sich Ihre Seele an und sehen Sie ein, dass es dort schon lange alles gibt.

24. Monatstag

1. An diesem Tag erzeugen Sie während der Konzentration aus der menschlichen Form ein beliebiges anderes Objekt, z. B. eine Videokassette, einen Kugelschreiber oder eine Pflanze. Sie sollen erkennen, aus welchem Element der Form des Menschen z. B. eine Videokassette entsteht, wie man die Gestalt des Menschen erfassen muss, damit man ein beliebiges anderes Objekt erzeugt.

2. Konzentrieren Sie sich intensiv auf die siebenstellige Zahlenreihe:
5184325 ;
Konzentrieren Sie sich intensiv auf die neunstellige Zahlenreihe:
189543210.

3. Sie haben die Realität gesehen, wie sie ist. Sie sind zu der Realität gekommen, die sich als Realität erwiesen hat. Schauen Sie sich alle Tage, vom Ersten bis zum Vierundzwanzigsten, an und Sie werden sehen, dass Ihre Liebe unendlich ist. Schauen Sie sich die Welt an und wie Sie mit Liebe schauen. Schauen Sie sich das Gefühl an, wie Sie es aufbauen, schauen Sie sich das Gefühl an, wie ein ewiges Geschöpf und so kommen Sie zur Liebe und zur Ewigkeit. Sie kommen für immer zu ihr und Sie bleiben ewig mit Ihr. Der Schöpfer – Ihr Gott - hat Sie als liebendes Wesen geschaffen. Sie sind die Schöpfung Gottes und Sie lieben. Die Liebe ist das Leben, und das Leben ist die Liebe.

Leben sie Ihre Liebe, wo immer Sie sind, Geben Sie Liebe an den Orten, an denen sie bestimmen. Und an denen Sie sich vorherbestimmen. Liebe äußert sich nicht in Worten, Liebe wird nicht durch Gefühle ausgedrückt. Aber Ihr Handeln – da, wo Sie erschaffen - das ist die Liebe.

25. Monatstag

1. Am 25. Tag können Sie sich auf beliebige Gegenstände Ihrer Wahl konzentrieren. Dabei ist es wichtig, dass Sie ein paar unterschiedliche Konzentrationsgegenstände haben, damit Sie eine gewisse Vergleichsmenge haben. Aus dieser Menge vereinigen Sie verschiedene Konzentrationsgegenstände, mittels Analyse, nach irgendeinem Vergleichsmerkmal, in Gruppen: z. B. kann man ein Videorekorder und eine Kassette in einer Gruppe unterbringen, weil sie einander ergänzen. Den Videorekorder und ein Radio kann man auch in einer Gruppe zusammenfassen wenn man sie als Produkte betrachtet, die durch Nutzung von Elektronik gemacht wurden.

Man kann in einer Gruppe Gegenstände vom selben Typ unterbringen, z. B. zwei verschiedene Bücher. Wenn man sie jedoch nach ihrem Inhalt oder ihrer Thematik beurteilt, so können diese Bücher in verschiedene Gruppen eingeordnet werden. Wie Sie sehen, können Sie hier Ihrer Phantasie also freien Lauf lassen. Sie können sich einfach zuhause hinsetzen, ich umsehen und die Sie umgebenden Gegenstände für diese Konzentration benutzen.

2. Konzentrieren Sie sich intensiv auf die siebenstellige Zahlenreihe:
1890000 ;
Konzentrieren Sie sich intensiv auf die neunstellige Zahlenreihe:
012459999.

3. Kommen Sie durch Gedanken über sich selbst zu sich selbst. Fangen Sie die Gedanken über sich selbst auf, wie eine Spiegelung. Sehen Sie sich selbst, wie Sie sich die Anderen ansehen. Sehen Sie sich, wie Sie sich jeden ansehen. Sehen Sie sich selbst, wie Sie sich den Ast eines Baumes, das Blatt einer Pflanze, den morgendlichen Tau oder den Schnee auf dem Fensterbrett ansehen. Sie werden das sehen, was ewig ist. Sie werden sehen, dass Sie ewig sind.

26.Monatstag

1. An diesem Tag des Monats lernen Sie, gleichzeitig das Ganze und seine Teile - die Gesamtheit und das Detail - zu sehen. Diese Konzentration

34

hilft Ihnen, diese Fähigkeit zu entwickeln. Sie werden das Ganze und seine Einzelteile auf einen Blick erkennen können.

Angenommen, vor Ihnen ist eine Kuhherde. Sie sehen die ganze Herde und gleichzeitig können Sie sich auf irgendeine Kuh konzentrieren und versuchen zu verstehen, woran sie denkt, wie sie sich weiterentwickeln wird. Oder Sie können sich nach demselben Prinzip einen ganzen Ameisenhaufen anschauen und sich gleichzeitig auf eine einzelne Ameise konzentrieren.

2. Konzentrieren Sie sich intensiv auf die siebenstellige Zahlenreihe:
1584321 ;
Konzentrieren Sie sich intensiv auf die neunstellige Zahlenreihe:
485617891.

3. Nehmen Sie zur Kenntnis, dass Sie sich ständig entwickeln. Erkennen Sie, dass Ihre Entwicklung ewig ist. Beschäftigen Sie sich damit, was sich als ewig erweist.

Denn jede Bewegung ist ewig, jeder Gegenstand ist eine Verkörperung der Ewigkeit, jede Persönlichkeit ist Ewigkeit und jede Seele ist eine Vielzahl von Ewigkeiten.

Gehen Sie von der einheitlichen Ewigkeit zu den vielfältigen Ewigkeiten, und Sie werden sehen, dass es für alle nur eine Ewigkeit gibt. Kommen Sie dadurch zum Einblick in Ihre Seele und Sie werden feststellen, dass Sie der Schöpfer von dem sind, was Sie brauchen.

Verwenden Sie dieses Wissen zum Erschaffen von Allem und Sie werden sehen, dass alles durch Sie erschaffen worden ist. Verwenden Sie dieses Wissen auch zum Erschaffen Ihres Körpers und Sie werden verstehen, dass Ihr Körper sich jederzeit selbst wieder herstellen kann. Verwenden Sie es für die Gesundheit Anderer und bei der Heilung Anderer werden Sie für sich entsprechende Erfahrungen sammeln.

Die Heilung von Anderen ist immer eine Erfahrung für sich selbst. Die Wiederherstellung von Allem ist immer eine gute Erfahrung für Sie. Schaffen Sie mehr Gutes, geben Sie mehr Freude und Glück und Sie erhalten Ewigkeit in Form von konkreten Steuerungsinstrumenten für Ihr Bewusstsein.

Dehnen Sie Ihr Bewusstsein auf den genauen Zustand der Ewigkeit aus. Da, wo sie sich erweitert, überholen Sie sie. Überholen Sie die Ewigkeit in der Unendlichkeit und erblicken Sie sich selbst als Verkörperung des Schöpfers. Sie erschaffen dort, wo die Ewigkeit sich erst noch erweitert. Sie, der

35

Schöpfer der Ewigkeit, Sie kontrollieren die Ewigkeit, und die Ewigkeit ordnet sich Ihnen immer unter.

27. Monatstag

1. Am 27. Tag des Monats führen Sie die gleiche Konzentration wie am neunten Tag aus, aber zusätzlich fügen Sie jedem angestrebten Element eine unendliche Entwicklung hinzu.

2. Konzentrieren Sie sich intensiv auf die siebenstellige Zahlenreihe:
1854342 ;
Konzentrieren Sie sich intensiv auf die neunstellige Zahlenreihe:
185431201.

3. Helfen Sie denen, die Hilfe brauchen und helfen Sie denen, die keine Hilfe brauchen. Helfen Sie sich selbst, wenn Sie Hilfe brauchen und helfen Sie sich selbst, wenn Sie keine Hilfe brauchen. Schauen Sie sich das Wort "Hilfe" in seiner weiteren Form an und schauen Sie sich „Güte" als Verkörperung von Hilfe, an. Sie sind „gutherzig" und helfen. Sie sind der Schöpfer und Sie bringen Hilfe.

Jeder Akt ihres Schaffens bringt auch Ihnen Hilfe. Alles von Ihnen Erschaffene ist auch eine Hilfe für Sie. Sie haben eine unendliche Anzahl Helfer, so wie auch Sie anderen unendlich helfen. Sie sind im Gemeinsamen mit allen verbunden, Sie helfen immer allen und alle helfen immer Ihnen.

Bringen Sie die Gesellschaft durch gemeinsame Verbindungen und in gegenseitiger Hilfe zum Wohlstand. Geben Sie allen das Glück und Sie werden sich in einer gemeinsamen Weltharmonie wieder finden, wobei Gott der Schöpfer alles ist, was um sie herum erschaffen wurde. Es ist alles, was Sie erschaffen haben, und es ist die Verkörperung Gottes in allem Erschaffenen.

Die Verkörperung Gottes, als Ihrem Schöpfer, zeigt sich in Ihrer Seele bereits nach Erhalt der Unendlichkeit des Lebens durch wahres Verstehen der Welt in der Selbstentwicklung. Die Unendlichkeit des Lebens ist die Unendlichkeit des Schöpfers.

Um unendlich leben zu können, muss man bis in die Unendlichkeit schaffen und sich bis in die Unendlichkeit erneuern. Um unendlich schaffend zu sein, muss man aber nichts besonderes tun, denn wir sind bereits für die Ewigkeit erschaffen worden, um die unendlich Erschaffenden zu

36

sein. Handeln Sie so, dass jeder Ihrer Gedanken, jede Ihrer Bewegungen und jede Ihrer Taten die Ewigkeit erschaffen.

28. Monatstag

1. An diesem Monatstag führen Sie die gleiche Konzentrationsmethode durch, wie am achten Tag, aber mit einem wichtigen Unterschied:

Sie haben vielleicht gemerkt, dass man am vorhergehenden, dem 27. Tag, bei der Bestimmung der Konzentrationsart die Zahlen 2 und 7 addiert hat: $2 + 7 = 9$. Hier haben wir jedoch eine andere Situation. Die Zahl 28 besteht aus der 2 und der 8. In diesem Fall multipliziert man die 2 mit der 8: $2 \times 8 = 16$. Die 8 wird also verdoppelt und deswegen wird das Programm vom 8. Tag wiederholt.

Aber diese Wiederholung soll nicht die genaue Kopie der vorherigen Arbeit sein. Sie müssen etwas verändern. Und in erster Linie sollten Sie etwas in sich selbst verändern, z. B. etwas in Ihrer Sichtweise dieser Konzentration. Nach altem Schema ausgeführt sollen Sie in ihr etwas Neues finden, sie von einer anderen Seite betrachten. Ihr Verstehen und Ihre Wahrnehmung dieser Konzentrationen sollen sich ständig ausdehnen und vertiefen. Das ist ein schöpferischer Prozess. Er fördert Ihre Entwicklung.

2. Konzentrieren Sie sich intensiv auf die siebenstellige Zahlenreihe:
1854512 ;
Konzentrieren Sie sich intensiv auf die neunstellige Zahlenreihe:
195814210.

3. Sehen Sie sich, wie Sie die ganze Welt betrachten. Schauen Sie sich den Schöpfer an, so wie der Schöpfer Sie anschaut und erlangen Sie Verständnis dafür, was der Schöpfer von Ihnen will. Schauen Sie sich seinen Blick an und Sie werden seinen Blick sehen. Sie werden sehen, dass der Blick des Schöpfers ebenfalls auf die fernen Erscheinungen der Welt gerichtet ist und Ihre Aufgabe ist es, diese Erscheinungen der Welt zu steuern.

Sie müssen die beliebigen Erscheinungen der Welt harmonisch machen. Das ist Ihre wahre Aufgabe. Sie müssen Welten erzeugen und erschaffen, die immer harmonisch sein werden. Denn der Schöpfer hat bereits erschaffen, der Schöpfer hat bereits gemacht und Ihre Aufgabe ist es, diesem Weg zu folgen, weil Sie nach dem Ebenbild und der Gestalt Gottes erschaffen sind, so wie der Schöpfer selbst erschaffen wurde.

37

Der Schöpfer hat sich selbst erschaffen, aber Er hat auch Sie erschaffen. Erschaffen Sie sich selbst und erschaffen Sie alle Anderen. Geben Sie allen allgemeinen Wohlstand und Sie werden die Welt haben, die für Sie, für alle und für den Schöpfer erschaffen wurde. Erschaffen Sie für den Schöpfer, weil er Sie erschaffen hat. Erschaffen Sie für den Schöpfer, weil er alles erschaffen hat. Und deswegen erschaffen Sie alles was Sie erschaffen immer auch für den Schöpfer.

29. Monatstag

1. An diesem Tag des Monats führen Sie eine verallgemeinernde Konzentration aus: Sie müssen alle Konzentrationen, vom ersten bis zum achtundzwanzigsten Tag, durchsehen. Aber Sie müssen sie in einem Impuls wahrnehmen. Das ist wichtig! Sie erfassen den in einem Monat zurückgelegten Weg durch einen einzigen Moment der Wahrnehmung. Dabei unterziehen Sie Ihre Arbeit einer bestimmten Analyse. An diesem Tag erschaffen Sie eine Plattform für die Arbeit des nächsten Monats. Sie können sich alles was Sie gemacht haben, in Gestalt einer gewissen Sphäre vorstellen und diese auf eine unendliche, gerade Linie setzen, deren Anfangsabschnitt auch den nächsten Monat in sich beinhaltet. Dadurch erschaffen Sie sich nicht nur für den nächsten Monat eine Plattform, sondern auch für Ihre unendliche Weiterentwicklung.

2. Konzentrieren Sie sich intensiv auf die siebenstellige Zahlenreihe:
1852142 ;
Konzentrieren Sie sich intensiv auf die neunstellige Zahlenreihe:
512942180.

3. Schauen Sie sich die Welt mit Ihren eigenen Augen an. Schauen Sie sich die Welt mit allen Ihren Gefühlen an. Schauen Sie sich die Welt mit allen Ihren Zellen an. Schauen Sie sich die Welt mit Ihrem ganzen Körper an und mit allem, womit Sie sehen können, und mit allem, was Sie sind. Schauen Sie sich die Welt und sich selbst an - und schauen Sie in sich hinein.

Schauen Sie sich die Welt mit dem Wissen an, dass die Welt um Sie herum ist, dass sie Sie umhüllt. Schauen Sie sich die Realität an, die das Leben gibt. Schauen Sie sich die Realität an, die Ewigkeit gewährt und Sie

38

werden sehen, dass, wohin Sie auch immer sehen, es nur diese Realität gibt, die die Ewigkeit und das Leben gewährt.

Der Schöpfer dieser Realität ist Gott. Und Gott, der diese Realität erschaffen hat, hat das ewige Leben erschaffen. Er sieht Sie so, wie Sie sich selbst sehen und er sieht Sie so, wie Sie sich selbst nicht sehen. Er ist Ihr Schöpfer. Er ist Ihr Gott.

30. Monatstag

1. An diesem Tag führen Sie die erste Konzentration auf ihrer erbauten Plattform. Diese Konzentration bildet den Grundstein Ihrer Arbeit für den nächsten Monat.

Konzentrieren Sie sich auf die Harmonie der Welt. Sie müssen sie sehen, sie finden, sich an ihr erfreuen und sie bewundern. Dabei staunen Sie, wie der Schöpfer alles so vollkommen erschaffen hat. Das heißt, bewundern Sie die Harmonie der Welt, die durch die Vollkommenheit des Schöpfers entsteht.

2. Konzentrieren Sie sich intensiv auf die siebenstellige Zahlenreihe:
1852143 ;
Konzentrieren Sie sich intensiv auf die neunstellige Zahlenreihe:
185219351.

3. Das Prinzip, nach dem Sie alle vorhergehenden Tage aufgebaut haben, ist an diesem Tag grundlegend weil der Februar, der nach der gegenwärtigen Zeitrechnung 28 oder 29 Tage hat, dieses Prinzip vom 30. Tag an auf den ersten und den zweiten Tag des Folgemonats überträgt.

Gerade diese Einigung zeigt den ewigen Zyklus des Lebens. Finden Sie die Ewigkeit in allen Ihren vorangegangenen Harmonisierungen. Finden Sie Ewigkeit in diesem einfachen Beispiel, denn ein Monat hat 30 Tage, ein anderer – der Februar – hat 28 oder 29 Tage und nur durch diesen einen Monat Februar haben wir die gemeinsame Einigung der Zahl 30 mit den Zahlen 1 und 2. Und die Einigung der Zahlen, von unterschiedlicher Beschaffenheit und unterschiedlichem Ursprung, äußert sich über die Einigung und den gemeinsamen Ursprung aller.

Finden Sie diesen gemeinsamen Ursprung in allem, in jedem Element der Information, finden Sie den gemeinsamen Ursprung da, wo er nicht sofort zu sehen ist. Finden Sie ihn da, wo er offensichtlich ist und finden

39

Sie ihn da, wo er sofort zu sehen ist. Und Sie werden sehen, Sie werden erkennen, Sie werden empfinden und Sie werden geistig erfüllt sein.

31. Monatstag

1. Am 31. Tag des Monats konzentrieren Sie sich auf die gesonderten Bereiche jedes einzelnen Volumens.

Angenommen, irgendwo wächst ein Baum. Sie begreifen, dass unter dem Baum die Erde ist, über ihm und um ihn herum ist Luft. Alle diese gesonderten Bereiche verbinden sich in Ihrem Bewusstsein dadurch, dass Sie in ihnen den ewigen Wiederaufbau des Lebens sehen.

Das Leben ist ewig. Sie sollten das erkennen. Denken Sie, die Umgebung beobachtend, sie empfindend, und sich in ihr auflösend, daran und die Erkenntnis dieser Wahrheit erreicht Sie: JA, DAS LEBEN IST EWIG!

2. Konzentrieren Sie sich intensiv auf die siebenstellige Zahlenreihe:
1532106 ;
Konzentrieren Sie sich intensiv auf die neunstellige Zahlenreihe:
185214321.

3. Konzentrieren Sie sich an diesem Tag auf sich selbst. Sie sind absolut und vollständig gesund und alle um Sie herum sind gesund. Die Welt ist ewig. Alle Lebensereignisse sind schöpferisch. Sie sehen alles immer nur in einem positiven Licht und alles ringsum ist immer fördernd.

Zu den vorherigen Übungen möchte ich noch einige Anmerkungen hinzufügen:

Ich wiederhole noch einmal, dass Sie selbst die Anzahl der Konzentrationen und deren Dauer bestimmen

Sie müssen selbst entscheiden, welches Resultat für Sie im gegebenen Moment am wichtigsten ist, wonach Sie vor allem streben

Wenn Sie ein bestimmtes Resultat zu einer bestimmten Zeit erhalten möchten, fügen Sie diese Zeit dem Konzentrationsziel hinzu und Sie erlangen es durch die Konzentration

Denken Sie daran, dass alle Übungen schöpferische Übungen sind

Die Übungen fördern Sie in Ihrer Entwicklung

40

Mit Hilfe dieser Konzentrationen werden Sie geistig wachsen und das hilft Ihnen, weitere Konzentrationen bereits auf einem höheren Niveau auszuführen, was Ihnen weitere Entwicklung garantiert, und so weiter

Dieser Prozess ist unendlich. Schon nach kurzer Zeit werden Sie feststellen, dass sich Ihr Leben in eine positive Richtung verändert

Allerdings, wenn man genau ist, dann muss man sagen, dass Sie selbst angefangen haben, es zu ändern, dass Sie begonnen haben, die Steuerung Ihres Lebens in Ihre eigenen Hände zu nehmen

Diese Übungen tragen zur Weiterentwicklung Ihres Bewusstseins bei, sie tragen zu einer Entwicklung ihrer Lebensereignisse in eine positive Richtung bei, sie tragen zur Erlangung einer vollkommenen Gesundheit und zur Erlangung vollkommener Harmonie mit dem Pulsschlag des Universums bei.

41

NOTIZEN

Die Steuerung. Die Konzentration. Das Denken.

In dieser Lehre als Element der Steuerung tritt an erste Stelle die Aufgabe der Rettung Aller durch die Technologie der Nutzung verschiedener Elemente der Steuerung auf: die Seele, der Geist, das Bewusstsein, der physische Körper und so weiter.

Diese Lehre begreifend, kann jeder Mensch der Herr seines Schicksals werden. Der angebotene Kurs des Seminars schließt verschiedene Methoden der Steuerung der Ereignisse, des eigenen Lebens (Innere und Äußere Ereignisse) ein, wohin auch die Wiederherstellung der Gesundheit eingeht, zulassend, das eigene Bewusstsein auszudehnen und zu lernen, die uns umgebende Realität zu steuern.

Wir möchten klarstellen, dass die Methoden der Konzentrationen des Bewusstseins eben als Methoden der Konzentrationen gibt, und nicht der Meditationen. Der Unterschied besteht im Folgenden: bei bestimmten Meditation ist es erforderlich, den Prozess des Denkens abzuschalten und, zu versuchen sich im umgebenden Raum aufzulösen und mit ihm zu verschmelzen, und die Konzentrationen nach unseren Methoden vermuten gerade das Vorhandensein während der Konzentrationen des Prozesses des Denkens, aber nur des richtigen Denkens und durch das Denken, durch die Konzentration auf der Aufgabe, an der Sie arbeiten, wird eben das Ziel der Steuerung erreicht. Die Einstellung während der Arbeitszeit an seinen Aufgaben auf das allgemeine Wohl beschleunigt den Prozess der Errungenschaft des Ergebnisses. Das richtige Denken bedeutet in jeder unserer Handlungen, in jeder Situation die grenzenlose Liebe Gottes zu uns zu sehen. Erinnern Sie sich! Alles was gemacht wird, geschieht zum Besten. Wenn wir beginnen werden, zu verstehen, dass alle Ereignisse im Leben zu einem bestimmten Ziel geschehen, wobei im globalen Maßstab gibt es nur ein einziges Ziel — unsere ewige Entwicklung, so werden wir verstehen, dass alles und immer zu unserem Besten geschieht, da in jeder unserer Handlung die Handlung des Schöpfers anwesend ist. Und die Handlung Gottes ist Seine Liebe, die persönlich zu jedem und zu Allen zusammen gerichtet ist. Die Anwesenheit der Liebe Gottes in jedem Ereignis lässt maximal zu, die möglichen negativen Folgen unsere nicht schöpferischen Handlungen (negative Gedanken, Wörter, Gefühle, Emotionen) zu minimieren. Eben so kann man die Empfehlung entziffern: Danken Sie Gott für alles Gute und Schlechte. In schwersten Minuten unseres Lebens trägt Er uns auf seinen Händen. Wenn man das Niveau der Entwicklung unseres Bewusstseins berücksichtigt, so sind alle ungünstigen Ereignisse, einschließlich die Krankheiten- Lehren, die wir mit Ihnen für die Strukturierung unseres Bewusstseins und der erfolgreichen Realisierung der Aufgabe Gottes — der ewigen harmonischen Entwicklung des Menschen und der ganzen ihn umgebenden Realität durchgehen müssen.

Vorträge:

Die Ausbildung auf den Seminaren und Vorlesungen erfolgt nicht nur verbal über Worte und deren Inhalt, sondern auch auf der Ebene der Seele. Das, was der Mensch auf der Ebene des Bewusstseins nicht versteht, versteht er auf der Ebene der Seele. Die Seele nimmt das Wissen wahr und zeigt es später als Ergebnis auf der physischen Ebene. Das heißt, dem Menschen braucht man bei dieser Methodik nur zu erklären, wie etwas geschieht und auf der Ebene der geistigen Strukturen wird es zum inneren Wissen.

Das Licht des Wissens nimmt jeder Mensch wahr, unabhängig von seinem Bewusstsein. Mit diesem Wissen und den Methoden zur Anwendung kann jeder Mensch sich selbst und Anderen helfen Gesundheit wiederzuerlangen und Ereignisse zu harmonisieren.

Seit 2000 arbeiten wir praktisch mit dieser Lehre, entwickeln sie und uns weiter und vermitteln ständig alle Erkenntnisse an interessierte Menschen. Alle Methoden und Techniken sind durch persönliche Erfahrungen geprüft und bestätigt. Wir stehen auch in Verbindung mit den Instituten in Russland, um neue Erkenntnisse in unsere Arbeit zu integrieren.